AF496331

QUELQUES VÉRITÉS

SUR

ALGER

ET

SUR L'EXPÉDITION

DE MASCARA.

PAR

Un ex-Employé militaire de l'armée d'Afrique.

> L'homme est de glace aux vérités ;
> Il est de feu pour le mensonge.
>
> LA FONTAINE.

PARIS,
IMPRIMERIE ET FONDERIE D'A. ÉVERAT,
RUE DU CADRAN, 16.

1836.

QUELQUES VÉRITÉS

SUR

ALGER

ET

SUR L'EXPÉDITION

DE MASCARA.

L'expédition de Mascara est heureusement terminée, et grâce à Dieu, la jeune et belle renommée de notre prince royal, si imprudemment engagée dans cette affaire, en est sortie avec un nouveau lustre. Il peut donc être permis aujourd'hui de hasarder quelques mots de vérité, de raison et de critique impartiales, sur les causes et sur les résultats de cette singulière expédition.

Commençons d'abord par déplorer l'usage ou plutôt l'abus de ces bulletins si pompeux et si emphatiques pour de si petites choses. Quand on a vu les grandes journées qui ont signalé les quinze premières années de ce siècle, on se sent vraiment humilié de ce vain étalage, de ce langage ridiculement important, pour une affaire qui n'occupera certainement pas plus de deux lignes dans nos annales militaires. Hélas! nous sommes devenus bien petits depuis 1815, puisqu'il faut un bulletin de douze pages pour nous dire qu'une division de 10,000 hommes, partie d'Oran, s'est portée à vingt-cinq lieues de là, au milieu d'une nuée d'arabes, pour détruire une bicoque sans défense, et regagner ensuite la côte en toute hâte par le plus court chemin (1). Le Bulletin d'Austerlitz n'a que vingt lignes. Il est vrai que c'était alors de la gloire de bon aloi, et qu'on n'avait pas besoin de la faire *mousser*, comme diraient nos soldats.

Parlons des causes premières de cette expédition, et posons en principe qu'inexpugnables dans nos places du littoral d'Alger, nous ne pouvons, par la force des armes, nous établir dans l'intérieur de la régence, ni soumettre les populations qui l'occupent. C'est au contraire en ménageant ces populations, en les traitant avec un mélange de douceur et de fermeté, en leur faisant comprendre les avantages du commerce et

(1) On assure que le bulletin envoyé par le maréchal Clausel avait trente-deux pages, et qu'il a été réduit à douze dans les bureaux du ministère, avant d'être livré à l'impression. Ceux qui connaissent l'abondance de la faconde gasconne n'en seront point surpris.

de l'industrie, et en avançant lentement dans les terres par des routes nouvelles, par des établissements agricoles protégés par quelques postes militaires bien choisis, que nous parviendrons à coloniser Alger, si la chose est possible. Aujourd'hui plus que jamais il est permis d'en douter; car, tout ce que la sagesse, la prudence éclairée et la patiente vigilance du comte d'Erlon avait préparé ou exécuté pendant un an, s'est trouvé détruit par l'imprudence du général Trézel, et plus encore peut-être par le rappel inattendu du comte d'Erlon lui-même. A la vérité, ces deux événements n'ont aucun rapport entre eux, puisque le rappel du général d'Erlon était décidé et annoncé à Paris, avant la malheureuse affaire de la Macta. Mais leur coïncidence n'en est pas moins à déplorer; car il est permis de croire que la sagesse du comte d'Erlon, la confiance et la vénération que sa loyauté, sa probité et son désintéressement avaient inspirées aux populations de la régence d'Alger, auraient rendu facile un accommodement qui n'eût point compromis le véritable honneur de la France, et ne lui aurait coûté ni un homme, ni un sou.

Il est bien vrai que, sous l'administration du comte d'Erlon, il n'y avait à espérer ni bulletins emphatiques ni combats, à moins d'une nécessité urgente et bien démontrée. Ce n'était point de sa part l'effet d'une politique timide. Le courage résolu et les talents militaires de cet illustre guerrier sont connus de toute l'armée de même que sa simplicité et sa modestie, et son nom brille depuis quarante ans dans les pages les plus glorieuses de notre histoire militaire. Mais avec ce coup d'œil sûr, ce droit bon sens qui le caractérisent, il avait jugé et apprécié tous les faits et toutes les circonstances de notre établissement en Alger; il avait reconnu que l'agriculture et le commerce, qui sont le but essentiel de cet établissement, ne pouvaient y fleurir qu'à l'ombre de la paix.

On conçoit qu'une jeunesse ardente et brave, brûlant d'acquérir de la gloire, de l'avancement et des décorations, ne pouvait s'accommoder de cette administration paisible qui ne voulait conquérir que par les travaux de la civilisation, et non par la force des armes. Mais convenait-il au gouvernement de céder à de telles considérations? Et n'est-il pas affligeant de voir depuis cinq ans les caractères les plus honorables, les esprits les plus sages, presque toujours éloignés des affaires publiques, pour faire place à des hommes ambitieux et avides, uniquement occupés de leurs intérêts et de ceux de leurs créatures, et toujours prêts à sacrifier à leurs vues personnelles le sang et les trésors de l'état.

Abdel-Kader, qui ne mérite pas le mépris avec

lequel nos journaux le traitent, semblait au contraire avoir été envoyé par le ciel pour favoriser l'exécution du plan de colonisation qu'on vient de tracer. Actif, intelligent, éclairé, fidèle à sa parole, très-influent sur les tribus arabes, qui le regardent comme un saint, il suffisait de contenir son ambition dans de justes bornes, pour le faire concourir de la manière la plus efficace à nos projets d'établissement dans l'intérieur de la régence, d'après le plan suivi par les généraux Berthezène et Voirol, et ensuite par le comte d'Erlon, qui par l'établissement du camp de Bouffarik et de la route qui y conduit, vient d'assurer aux colons la possession paisible de l'immense plaine de la Mitidjah (1).

Malheureusement le général Desmichels, commandant à Oran, se trouvant affranchi de la hiérarchie militaire pendant l'intérim du général

(1) Il est bon de faire remarquer que tous ces travaux ne coûtèrent pas une obole au gouvernement. Le comte d'Erlon pourvut à ces dépenses, par la valeur du fourrage qu'il fit récolter dans la plaine de la Mitidjah, et qu'il mit à la disposition de l'administration militaire. Il aurait continué de la même manière à appliquer les produits du sol à l'exécution des plus utiles travaux. C'est ainsi que nous l'avons vu à une autre époque, en Estramadoure, pourvoir à tous les besoins de son corps d'armée, avec un ordre et une économie admirables et sans fouler le pays. Ces choses sont faciles au chef intègre qui ne veut rien pour lui, et ne tolère aucune malversation.

Voirol, établit des relations directes avec Abdel-Kader et avec le ministère français, sans en référer à son chef immédiat (1). Trop préoccupé des avantages que la colonie pouvait retirer des talents et de la position du chef arabe, il négligea de *contenir son ambition dans de justes bornes*. Bien plus, il sembla aller au devant de tout ce qui pouvait exciter et favoriser les desseins ambitieux de l'émir. Au lieu de le considérer toujours comme un chef dépendant de la France, il traita avec lui au nom de son Gouvernement, comme de puissance à puissance, et envoya le traité directement au ministre de la guerre qui, selon toute apparence, ne prit pas même la peine de consulter le général Voirol, sur un acte politique de cette importance. A Paris où tout ce qui concerne Alger se traite, il faut en convenir, avec autant d'imprévoyance que de légèreté, le traité fut approuvé et ratifié ; et comme si ce n'était pas assez de cette imprudente condescendance, le général Desmichels persuada au ministre de faire fournir des armes et des munitions à Abdel-Kader, assurant qu'il ne voulait s'en servir que contre les ennemis de la France. On voit jusqu'où

(1) On assure que le général Desmichels était autorisé par le ministre de la guerre à correspondre directement avec lui. Ainsi donc, le ministre aurait lui-même sanctionné cette espèce d'anarchie dans le gouvernement d'Alger.

peut aller l'aveuglement, quand on est dominé par une seule idée. Mais ce n'est pas tout : s'il faut en croire la rumeur publique, le général Desmichels, par un traité secret, aurait concédé à l'émir la libre exportation de ses denrées, par les ports d'Arzew et de Rio-Salado ; en sorte, que les approvisonnements destinés à Oran auraient passé par cette voie à Gibraltar, tandis que nos magasins eussent été dépourvus, nos marchés mal fournis, et les denrées de première nécessité portées à un prix excessif. L'existence de ce traité a été niée ; mais, par sa nature de traité secret, on sent combien il est difficile de la constater autrement que par les faits qui en découlent.

Sur ces entrefaites le général d'Erlon, nommé gouverneur des possessions françaises au nord de l'Afrique, arriva à Alger. Son regard vigilant se porta bientôt sur ce qui se passait à Oran. Il fit arrêter sur-le-champ les exportations de grains et de denrées, ainsi que les importations d'armes et de munitions. Il manda le général Desmichels à Alger, pour lui faire connaître ses intentions touchant ses relations futures avec l'émir ; mais n'ayant pu le déterminer à changer de conduite politique avec Abdel-Kader, et le voyant au contraire disposé à accroître encore son influence, en proposant de l'étendre aux autres beyliks de la régence, il demanda et obtint son rappel. On voit par ce qui précède que la puissance et l'importance d'Abdel-Kader sont presqu'entièrement l'ouvrage du général Desmichels.

Après son départ, le commandement d'Oran fut confié au général Trézel, qui donna dans l'excès contraire. Malgré les instructions et les ordres du comte d'Erlon, il imagina de faire avec une poignée de soldats une expédition sur Mascara, dans le but hautement proclamé de mettre à la raison l'émir Abdel-Kader et de détruire sa puissance. Et quel moment chosissait-il pour exécuter cette folle entreprise? Celui où les exigences du budget réduisaient les garnisons au plus strict nécessaire, et où la légion étrangère allait passer en Espagne. On connaît les détails et les résultats de cette déplorable expédition; mais on semble ignorer ou avoir oublié que l'agression du général Trézel ne fut pas seulement imprudente, mais encore injuste. Abdel-Kader fut attaqué en pleine paix, au mépris des traités et sous un prétexte frivole; il eut alors l'avantage sur son adversaire, et lui fit éprouver des pertes considérables; mais il ne fit que se défendre, et si l'on veut laisser de côté toute vaine déclamation, tout faux patriotisme, pour n'être que vrai et juste, tout en déplorant le malheur de nos braves soldats si imprudemment sacrifiés, on cherchera vainement l'*affront*, l'*insulte* faite à nos armes, dont on nous a étourdis pendant deux mois.

Il ne s'agissait donc pas dans cette circonstance de venger un revers qu'on était allé chercher ; il s'agissait, quelque peine qu'on éprouve à le dire, de mettre en jugement un chef imprudent qui, en désobéissant aux ordres de son supérieur, avait sacrifié en pure perte le sang de nos soldats, et gravement compromis l'avenir de la colonie (1). Les lois de la discipline militaire, de cette discipline qui fait aujourd'hui la force et la gloire de notre armée, ne seraient-elles donc applicables qu'aux rangs inférieurs? et faut-il laisser croire que ces lois aussi *sont comme les toiles d'araignées qui ne prennent que les moucherons et laissent passer les grosses mouches ?* Non-seulement le général Trézel ne fut point puni, mais il fut accueilli avec distinction et faveur, à son retour en France. Il fut même question de le renvoyer à Oran, comme pour prouver à l'armée qu'on pouvait désormais manquer impunément aux lois de la discipline et de la subordination. A la vérité, ce projet fut abandonné plus tard; mais comme si le gouvernement prenait à tâche de choquer la raison et l'opinion publique, le général Desmichels,

(1) Après sa défaite, le général Trézel eut un très-beau mouvement : il avoua sa faute, et sans recourir à de mauvaises excuses, il en assuma seul la terrible responsabilité; en même temps il recommanda aux bontés du roi, les militaires qui dans ces moments difficiles, avaient montré un courage et une fermeté inébranlables.

cause première de tous ces embarras, fut envoyé à Alger pour prendre part à l'expédition de Mascara. Toutefois, le maréchal Clauzel, mieux avisé, paraît avoir compris tout ce que la nouvelle mission du général Desmichels avait de ridicule et d'embarrassant, et l'a laissé sans commandement à Alger.

En désapprouvant hautement la conduite des généraux Desmichels et Trézel, dans le commandement d'Oran, loin de nous la pensée de porter la moindre atteinte au caractère honorable de ces deux militaires. Le blâme s'adresse aux hommes publics. Aucun sentiment de haine ne nous anime, mais nous avons entendu user du droit qui appartient à tout citoyen d'un pays libre, de signaler les fautes des agents du gouvernement; surtout, lorsque ces fautes sont de nature à compromettre essentiellement les intérêts du pays, et qu'une funeste indulgence de la part de l'autorité, en favorisant les vrais coupables, laisse déverser tout le blâme sur le seul homme qui soit irréprochable.

Venons maintenant à l'expédition de Mascara, faite à si grands frais, pour obtenir un si mince résultat (1). Nous ne parlerons pas des disposi-

(1) Une personne attachée au duc d'Orléans a dit dans l'intimité, à quelques amis, que le maréchal Clauzel, frappé de la résistance inattendue des Arabes, fut sur le point de re-

tions stratégiques, qui sans doute ont été excellentes. Nous ferons seulement observer qu'après la destruction de Mascara, le maréchal Clauzel, au lieu de revenir directement à Oran, s'est jeté sur la place de Mostaganem, qui n'est pas même un port de mer, et qui est aussi loin d'Oran que Mascara. Il est donc évident qu'il avait perdu sa ligne d'opération, et qu'il ne voulait pas, dans une retraite, s'exposer à retrouver les Arabes embusqués dans les défilés de Muley-Ismaël. Il est impossible qu'il ait choisi volontairement Mostaganem pour point de retraite; cette ville n'offre point de ressources pour la subsistance d'un corps de 10,000 hommes; et la côte, qui en est éloignée d'une demi-lieue, n'est abordable que pour de petites embarcations par un temps très-calme. Si le maréchal Clauzel retourne à Oran par terre, il aura fait faire à ses troupes vingt lieues de trop

noncer à aller à Mascara, et qu'il avait déjà commencé son mouvement rétrograde sur Mostaganem, lorsque le bataillon de Zouaves qui a joué le principal rôle dans l'expédition, s'élança sur l'ennemi avec quelques officiers d'état-major et le duc d'Orléans, et débusqua les Arabes de leur position. Ce fut alors seulement que le maréchal contremanda ses dispositions de retraite, n'ayant plus d'obstacles à vaincre pour arriver à Mascara. Cette même personne ajouta que, si la retraite avait duré deux jours de plus, le duc d'Orléans aurait infailliblement succombé à la dysenterie qui a déjà enlevé bon nombre des soldats de l'expédition.

dans un mauvais pays, où elles seront exposées à mille souffrances et décimées par les maladies, la faim, et le manque d'abri; s'il retourne par mer, c'est assez dire aux Arabes que la terre leur appartient (1).

Le projet d'établir un nouveau bey à Mascara a été abandonné par le maréchal Clauzel, *lorsqu'il a reconnu le peu d'importance de cette place et la difficulté des communications*. Mais quoi! M. le maréchal était-il donc assez mal informé pour ignorer ce que savaient tous les officiers de la garnison d'Oran? Il a auprès de lui des officiers d'état-major fort distingués, qui ont été à Mascara pendant la paix, et qui pouvaient lui dire d'avance ce qu'il paraît n'avoir reconnu qu'après l'expédition. Dans l'impossibilité d'établir un bey à Mascara, M. le maréchal Clauzel annonce qu'il l'a établi à Mostaganem, sous la protection de nos troupes. Tout cela peut bien se conter aux bons bourgeois de Paris, qui ne savent ce que c'est que Mascara ou Mostaganem; mais il suffit d'avoir suivi depuis cinq ans l'histoire de l'occupation de la régence d'Alger, pour être persuadé qu'une pareille installation est non-seulement illusoire, mais encore tout-à-fait impolitique. Croit-on que Mascara et les tribus qui l'avoisinent se soumettront au bey de Mostaganem? Croit-on que ce bey

(1) Ceci a été écrit avant la fin de décembre 1835.

improvisé puisse étendre sa puissance beaucoup au-delà du canon de cette place? D'ailleurs ce bey est turc ; il n'a aucune racine dans le pays, et ne saurait exercer la moindre influence sur les tribus arabes qui, au contraire, lui sont hostiles.

Quant au résultat de cette expédition, ses partisans les plus zélés conviennent que ce résultat est tout moral, et ne nous a procuré aucun avantage matériel. Ce dernier point convenu, il faut examiner quel avantage moral nous en avons retiré. Nos troupes se sont bien battues; elles ont supporté les fatigues et les privations avec courage et gaieté ; elles ont accueilli et secouru avec humanité les malheureux Juifs forcés d'abandonner Mascara; nos jeunes officiers se sont distingués par leur intelligence et leur bravoure, et par une ardeur digne d'une meilleure cause. Tout cela n'étonne personne, et tout cela malheureusement n'impose pas aux Arabes, et ne les a pas empêchés de nous suivre et de nous inquiéter dans notre retraite, ce qui prouve qu'ils n'étaient ni abattus ni découragés par leur défaite. Cette nation, éminemment guerrière et nomade, ne peut être ni vaincue ni subjuguée par nos armes. Ce que nous appelons une défaite, n'en est point une pour eux. Tant qu'ils ont un cheval et des armes, on est sûr de les retrouver. Il s'éparpillent pour revenir quand ils croient l'occasion favorable; disparaissent pour revenir encore, et nous poursuivent jusque sous le canon de nos places et de nos camps. Cela est si vrai, qu'ils ont failli enlever M. le duc d'Orléans, dans un marabout situé près de Mostaganem. Ce qui peut faire impression sur l'esprit des Arabes et leur donner une haute idée des Français dont ils apprécient la bravoure, c'est la justice et la loyauté, c'est la générosité unie à la force, c'est le respect pour la foi jurée.

L'incendie d'une ville sans défense, suivi d'une retraite précipitée et pour ainsi dire forcée, sur un point désavantageux, ne paraît pas propre à produire l'effet moral proclamé par le bulletin; bien loin de là, cet acte de barbarie doit accroître leur audace de toute l'énergie du fanatisme religieux; car Mascara était réputée *ville sainte*, et sa destruction est aux yeux des Arabes un crime abominable. Le conquérant de l'Egypte l'entendait autrement. Il connaissait toute la force du sentiment religieux chez les populations musulmanes; il le respectait, et aurait puni avec la dernière rigueur la profanation ou la destruction d'un lieu saint.

Quant à Abdel-Kader, le bulletin nous le représente abandonné par les tribus qu'il avait rassemblées, et même insulté par un de leurs chefs. Mais tout cela n'est qu'un bruit qui ne peut même être confirmé par un prisonnier, car nous n'en avons pas fait. L'émir ne fait point de bulletins, et peut-être se croit-il en droit de s'attribuer la victoire, s'il est vrai que dans la retraite, nous avons été forcés d'abandonner une partie de nos équipages. Quoi qu'il en soit, ceux qui ont étudié l'histoire d'Abdel-Kader sont persuadés que l'expédition de Mascara, toute glorieuse qu'elle ait été pour nos soldats, n'a diminué en rien l'influence de ce chef sur les tribus arabes de la province d'Oran, et que partout où il plantera ses tentes, il sera toujours leur sultan. On peut être sûr qu'au moment où notre armée victorieuse se reposait à Mostaganem, ses coureurs étaient aux portes d'Arzew et d'Oran, et nos relations commerciales interrompues ou ralenties sur tous les points de la régence.

Une sage politique devrait donc nous prescrire de rétablir au plus tôt des relations amicales avec ce chef redoutable, et l'occasion paraît belle pour le faire avec avantage, puisque nous pensons avoir *lavé l'affront*, *vengé l'insulte* et effacé le revers de la Macta. Il nous semble alors fort impolitique de lui avoir donné un successeur qui ne pourra jamais le remplacer, et qui restera enfermé à Mostaganem, comme une preuve vivante de notre impuissance.

Ajoutons quelques mots sur la colonisation. Les obstacles qu'elle rencontre de la part des Arabes ne sont rien auprès de ceux qui proviennent des spéculateurs de terrains; car, jusqu'à présent, les acquisitions de terrain, à Alger, n'ont guère produit qu'un agiotage scandaleux, propre à enrichir quelques spéculateurs européens, et à ruiner ou à dégoûter les véritables colons. Le maréchal Clauzel lui-même possède d'immenses domaines acquis à vil prix, et dont il cherche à se défaire avec le plus d'avantage possible. On le dit, peut-être à tort, fort occupé de sa fortune et des moyens de l'accroître. Tout cela n'est pas un crime, mais c'est un malheur pour une colonie naissante. Il existe une ordonnance, ayant force de loi, qui défend aux gouverneurs de nos colonies, d'acquérir des propriétés dans le ressort de leur commandement. Pourquoi une ordonnance aussi sage, aussi favorable à l'honneur de nos gouverneurs généraux, n'est-elle pas remise en vigueur?

En résumé :

L'expédition de Mascara a été inutile, dispendieuse et préjudiciable aux véritables intérêts de la colonie. Elle a porté un coup funeste à nos relations commerciales, naguère si actives, avec les indigènes (1). Après le revers de la Macta nos affaires pouvaient se rétablir avec honneur et

(1) Au moment où ces lignes sont livrées à l'impression, nous apprenons que, par suite de la proclamation hautaine du maréchal Clauzel, le marché de Bouffarik, si important pour la colonie, a été abandonné par les indigènes.

profit, par le seul ascendant d'un caractère ferme, loyal et intègre. Mais il fallait bien se persuader que le véritable honneur national consiste surtout dans la justice et dans la loyauté.

Tant qu'Alger sera considéré comme un pays de petite guerre, destiné à procurer de l'avancement et des décorations à nos officiers, ou comme une nouvelle mine ouverte à l'avidité des spéculateurs de terrains, il n'y a pas de colonisation possible. C'est sans doute un moyen de se faire des créatures et des prôneurs; mais c'est aussi le moyen le plus sûr d'amener en très-peu de temps la ruine et l'abandon d'une conquête qui, depuis six ans, nous a coûté plusieurs milliers de soldats, et plus de 150 millions.

Paris, ce 29 décembre 1835.

BIBLIOTHEQUE ROYALE

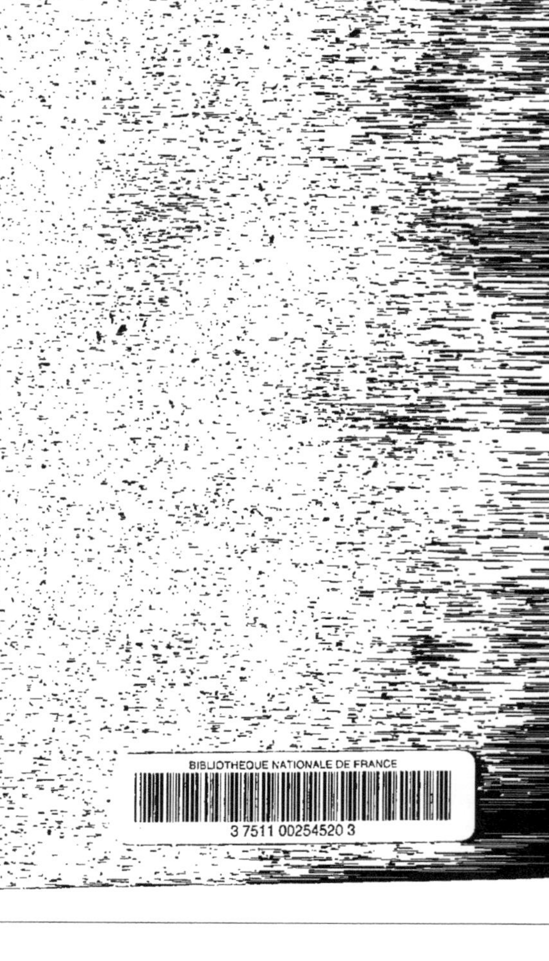

www.ingramcontent.com/pod-product-compliance
Ingram Content Group UK Ltd.
Pitfield, Milton Keynes, MK11 3LW, UK
UKHW021201230726
13926UKWH00001B/244

9 782014 443592